Etappen

Hinweis: Wie im Vorgänger-Gedichtband »Lebenslauf« (obgleich dort nicht extra angemerkt) sind in den vorliegenden Gedichten die Satzzeichen zum Teil nicht regelkonform gesetzt.

Matthias Freytag

Etappen

– Gedichte –

Bibliografische Information der Deutschen Nationalbibliothek:
Die Deutsche Nationalbibliothek verzeichnet diese Publikation
in der Deutschen Nationalbibliografie; detaillierte bibliografische
Daten sind im Internet über http://dnb.dnb.de abrufbar.

© 2019 Matthias Freytag
Satz, Umschlaggestaltung, Herstellung und Verlag:
BoD - Books on Demand, Norderstedt

ISBN: 978-3-7494-5709-0

Inhalt

»GPS«

Wo warst du gerade
Vor fünf Minuten?
Du weißt noch
Der Szene Handlung und Text?

Und nochmals vor fünf
Und Zeitsprung zurück:
Bis jenseits von Wissen
Und auch Vermuten ...
Kein Strich mehr
Von deinem – wie jedem Stück.

Was wird mit dir sein
In fünf Minuten?
Du weißt es so sicher
Wie filofaxed?

Und nochmals in fünf
Und Zeitsprung nach vorn:
Bald endet auch Ahnung –
Auf allen Routen
Entschwindet was aufquillt
Aus dunklem Born ...

Erschütterung

Schau fortgeschleudert diesen kleinen Ball
Und denke dir, er bliebe schweben.
Auf ihm dann stell dir vor zu leben
Wie auf der Erde hier – sieh seinen Drall

Schnell um die eigne Achse und erkenn,
Wie auf gebognem Boden stehend
Du hinfliegst durch die Tage drehend
Auf einem haltlos eilenden

Geschoß – und wirf noch vielfach größren Ball
Und denk ihn dir aus Feuermasse
Und schweben bleibend auch und lasse
Um ihn den ersten drehn, mit einem Schwall

Von andren – und vertausendtausendfacht
Denk sie dir alle, kreiselkreisend,
Ganz ohne Ziel ins Ferne reisend –
Und du dabei – durch grenzenlose Nacht...

Gewichtung

Daß einer steigt, wie viele müssen fallen?,
Ein Leben: tausend Tode als Entgelt,
Für eine Zärtlichkeit so viele Krallen –
Ist so das Gleichgewicht der Welt?

Die Splitter Glücks auf einem Berg von Nöten:
Gilt *ein* Bejahen so unendlich mehr?
Und als Essenzen aller Klagen böten
Sekunden Jubels uns genug Gewähr

Für die Vollkommenheit der Schöpfungswerke?,
Und unser Hadern, statt wir voller Lob
Die Welt verehren, zeigte: wir sind Zwerge,
Die die Erkenntniskraft erst wenig hob ...?

Heimweh

Was treibt mich ruhelos hinauszusehn
Und stellt sich vor mich hin als feste Scheibe,
Was heißt mich wandern mich beschwörend: bleibe,
Und hält mich so mich drängend fortzugehn?,

Was spricht zu mir und läßt mich nichts verstehn
Wenn ich die Worte, sie zu fassen, schreibe,
Was wächst aus solch zerrißnem Zeitvertreibe?
Ach, wär's April in mir, der über den

Verwirrten Seelenhimmel seine Wolken
Dahinjagt zwischen Schattengrau und Blendung
Und allen Winter aus den Lüften fegt.

Befreites Frühlingsblühen würde folgen
Und Sommer daraus, drängend zur Vollendung
In reifer Frucht, die Samen in sich trägt.

Fremde Trilogie

I

Fremd ward mir die Heimat. Fremder
Kann die Fremde mir nicht sein.
Keine Tür führt mehr hinein,
In den Strudeln überschwemmter

Wege reißt mich's als ein Fremder
Nur vorüber. Nicht blieb mein
Außer dem Vertriebensein,
Auch mein jahrlang eingestemmter

Ankerpfahl im Hoffnungslande
Ist verloren – riß das Seil
Mitten durch, mich überrannte

Springflutwoge. Alle Lande
Gingen unter. Nichts mehr heil
Was ich einmal Heimat nannte ...

II

Immerfort von Ort zu Ort getrieben,
Irgendwo die Nacht in fremdem Zimmer,
Hin- und hergejagt von Talmi-Glimmer:
Herz das sich der Fremde hat verschrieben

Und zugrundegeht in ihren Hieben –
Was zu suchen war ich aufgebrochen?
Finde keine Spur, seit wieviel Wochen?,
Zwischen Heim- und Fernweh aufgerieben.

Alles falsch gewesen. All das Fahren
Steckt im Dreck nur fest. Mein blindes Jagen
Findet *sich* nur. Ferne Nikobaren

Wären ihm zu nah – zu weit. Ist innen,
Wie ein Kreisel: auch bei den Phäaken
Müßt ich Glück entbehren. Kein Entrinnen.

III

Auf dem Weg zurück, woraus ich mich entwand,
Welcher? Presse auf mich nieder zu entfliehn ...
Riß nur wie entzwei: bei jedem Weiterziehn
War ich innen einer Streckbank aufgespannt.

Floh von Eismondbergen. Doch wär fast verbrannt
In der Glut des Schienenlaufs, und durch mich hin
Schnitten Rädersägen; bitter wie Strychnin
Schmeckte jeder Atemzug im fremden Land.

Durch die Nacht gefahren mach ich Raststation.
Morgen ist es endlich. Und aus Wüstenfron
Kehr ich wieder in vertrauteres Gebiet.

Heimkunft, haus-geborgen. Aber Tage drehn:
Und wohin ich fahr wird wieder Nacht erstehn.
Und der Morgen flieht ins Ferne – das mich zieht.

Weltreise

Das Wegerkunden unsres Zeitverdingens,
Und wie's entgolten wird muß uns genügen,
Ob's Stunden der Erfolge, des Mißlingens,
Daraus die Tage sich zusammenfügen.

Die vielen Tage dann, die zu den Jahren
Sich mehren, weiten und die wir durchqueren
Mit banger Zuversicht gleich Pilgerscharen,
Die einen namenlosen Gott verehren.

Und Jahre bilden sich zu Lebensläufen,
Und Ziele waren nichts als Raststationen,
Von denen Souvenirs sich in uns häufen,
Viel Kitsch – doch manche, die sich lohnen.

Und die sind aufgestellt in uns als Stelen
Von einem Sagenreiche und sie heißen,
Auch wenn wir tausendmal den Weg verfehlen,
Doch immer neu uns dorthin reisen.

Abendhimmel

Himmel gläsern klar,
Nicht mehr Tag und Nacht auch nicht –
Die Unendlichkeit.

Wüstensohn

Die Gärten, so voller Verlockung nah –
Nur Fata Morgana. Ob irgendwo
Sie auch bestehen – dir unerreichbar
Sind fern sie. Erkenn, was *um* dich, was *du*.

Ein Wanderer bist du durch Wüstenland:
Kein Garten ist deiner, und keiner lädt
Zu Rast dich ein und Verweilen; keiner,
Um nur auch entlangzustreichen am Zaun.

Die Lustwandelpfade, das Dämmergrün
Von Lauben, und Lerche und Nachtigall,
Der Blumen summende Bienenweiden,
Sich spiegelnd im See die Bäume voll Frucht

Und rosenbehangen das Haus – dir fremd
Bleibt alles, dem allen bist *du* fremd: Du,
Durch Wüste wandernd allzeit. Und willst du
Verderben dort nicht, erkenn es, denn lang,

Wär qualvoll das Sterben. Und denke nicht,
Sie könnte bald enden; ein Wasserloch,
Zuweilen, *das* ist dein Labsal, unter
Gesträuche, das dürr und stachlig und kaum

Mit staubigen Blättern, die sonnverbrannt,
Noch Schatten dir spendet, und zwischen Fels,
Wo nichts gedeiht sonst als Flechten, Zeichen
Verbundenen Lebens, unbekannt dir.

Nur darfst du – und sickre dir wie durch Karst
Die Kraft hin und seist auch ein Meer an Durst –
An keiner Quelle zu sehr dich säumen,
Daß nicht ihr, die ganz zu Anfang nur klar,

Der spärliche Zufluß versiege. Drum
Beizeiten geh weiter. Und zieht einmal
Vor dir vielleicht eine Karawane
Vorüber, mit Ruf und Klingeln ein Zug

Von tausend Kamelen und hoch bepackt,
Und scheint sie nicht fern dann – gib acht, es sind,
Auch wenn kein Trug sie (und ist vielleicht auch
Gerade nur das), doch Stunden zu ihr.

Verschleudre nicht Kräfte, indem du schreist
Und rennst und für Flügel die Arme wirfst.
Mag sein, du stößt auf ihr leeres Lager
Und findest, was mancher achtlos vergaß:

Des Dattelbaums Frucht, ein Turbantuch,
Melone, die heil blieb, und scharfen Dolch,
Ein Paar Sandalen und Schlauch, der halb noch
Mit Wasser gefüllt – was so dir geschenkt,

Das nimm oder laß es. Doch in den Traum,
Wo Fülle zuhaus sei, von der ein Hauch
Dich streifte, nicht dich verlier. Und sein mag's,
Du findest ein Grab auch Eines, der hier

Verloren zurückblieb vom Zug des Glücks.
Erweise ihm Ehre und geh des Wegs
Und denke: Keiner, der *dich* begrübe,
Wie ihn doch, wär bei dir – Wanderer du,

Der Wüste; und willst du bestehn, erkenn
Die Gärten gespiegelt von weit und sei,
Blühn sie verlockend dir auf am Himmel,
Viel mehr dann besorgt, ein Sandsturm sei nah.

Vielleicht, wenn allein auf dein Wandern noch
Der Sinn sich dir richtet, vielleicht noch lernst
Die Wüste lieben du einst und führt zu
Oasen ein Weg dich. Oder auch nicht.

Schattenspiel

An die Schwelle kam er letzter Nacht –
Nicht der hohen, hell von Sternen –
War nicht fähig mehr, sich noch zu rühren,
Denn ihn hinderte der Schatten Macht,
Von dem dunklen Tor sich zu entfernen –
Und ein Andres, wie mit festen Schnüren,
Hielt ihn davon ab auch, einzutreten.

Hatte einst den klaren Tag verlassen:
Wo sich sicher ging, wo alles sichtbar,
Schien zu leben flach und öde nur.
Und, was ihm die Ruhe nahm, zu fassen,
Ging er fern der Stellen, wo es licht war,
Suchte sehnlich nun des Dunkels Spur,
Um in seine Tiefen einzutreten.

An die Schwelle dieser Finsternis,
Die voll Lichter die nur Schatten bergen,
Kam er so und konnt sich nicht mehr rühren.
Tief ging durch ihn hin ein Riß,
Denn der Schattenlichter Schergen
Zogen ihn, und wie mit festen Schnüren
Wehrte andres ihm, dort einzutreten.

»Willst du Glück, statt solchen Schmerz zu spüren?«,
Riefen, die ihn zogen, »mach dich frei:
Wird gar Totes hier lebendig rot.«–
Was ihn hielt, rief: »Taub sei ihren Schwüren,
Ohne Schmerzen wär's mit dir vorbei:
Was dort lebt, ist nur lebendig tot,
Wie auch du bald, wagst du einzutreten.«–

Furchtsam hörte er's und hatte acht
Auf die Schatten hinter all den Scheinen –
Lauschend aber auch den andern Klängen.
Da auf einmal, groß und ungeschlacht,
Sah er unter diesen Schatten seinen,
Und sein Starrsein überkam ein Drängen,
Dort, um ihn zu fassen, einzutreten ...

Bar: Separee

Komm, und laß uns Liebe lügen,
Tun als sei, was nicht begann.
Und worin wir uns betrügen –
Wird's nicht wahr in Frau und Mann?

Les ich nicht in deinen Zügen
Zuneigung, und rot entflammt
Dein Gesicht, kann's nicht genügen,
Daß es nicht vom Licht nur stammt?

Dein' und meine Hände, fügen
Sie nicht Zärtlichkeit uns zu?
Und wär's nichts als Lüge, trügen
In uns wir nicht größre Ruh?

Wär's nicht Lieben auch, nicht schlügen
Uns die Herzen so; und spricht
Kuß um Kuß nicht wahr? Und lügen
Nicht auch unsre Worte nicht?

Laß die Lüge uns betrügen.
Wird nicht wirklich falscher Schein?
Ach, er wird's: Aus solchen Flügen
Stürzen wir. Und sind
                    allein.

Nachtjäger

Traum vergeudet,
Glück verschwendet –
Nichts erbeutet,
Nachtgeblendet
Selbst gejagt nur,
Abgehäutet
Und verendet.

Wollt entdecken –
Abenteuer?
Fand voll Schrecken
Ungeheuer,
Und bezahlte,
Sie zu wecken,
Mehr als teuer.

Was zu jagen
Ich erträumte – –
Schmerz und Klagen:
Ach versäumte
Meinem Hetzhund
Halt zu sagen
Vor er schäumte ...

Wilde Früchte

Blume, erblüht in Düsternis:
Blitz, der schwarze Nacht zerriß,
Blieb und Blüte ward und leuchtete,
Lau verströmend Heimatduft,
Der verheißungsvoll die Gruft
Staubversunknen Sinns durchfeuchtete –

Und zusammenschoß zum Baum:
Tropenwunder, Früchtetraum,
Der erfüllbar: reif zur Ernte
Hängen Zweige voll und schwer
Über dich und dein Begehr:
Weit sich alle Not entfernte.

Prall und rund lockt jede Frucht:
»Nimm mich, mehr als du's gesucht
Lab ich dich ...« – Und kaum im Munde,
Platzt sie auf, in süßem Seim
Regnen Kerne, Keim um Keim
Treibt hervor aus deinem Grunde,
Bäume steigen, jedem schwillt
Frucht an Frucht und jede stillt
Ihren Drang, dir zuzufallen,
Sich zu wandeln zur Gestalt
Neuer Bäume – und ein Wald
Hält dich jetzt in seinen Krallen:

Zweige die dich fest umschließen,
Stämme die sich durch dich spießen,
Frucht und Zwang sie zu genießen.

Wüstennächte

Kneipennächte –
Lärmdurchsprungen
Blinde Schächte
Grubenlichter
Immer dichter
Schwarzdurchdrungen.

Nachttanzschuppen –
Namenlose
Fetischpuppen
Triebzersplittert
Zwangumgittert
Jede Pose.

Barnachtdämmer –
Wahnvernebelt
Drang der Lämmer
Zu den Krippen
Dann von Hippen
Kahlgesäbelt.

Späte Augen –
Blicklos offen
Von den Laugen
All der Flaschen
Leergewaschen
Blieb kein Hoffen.

Nachtwanderung

Morgen kam. Und schwand
In die Nacht. Und auf dem Weg
Schritt muß dunkel gehn

Dunkel sternelos.
Steine Stolpern Stoß und Schmerz,
Nichts umher zu sehn.

Hoffen auf den Tag,
Irgendwo. – Auf einmal greift
Nichts mehr in den Lauf ...

Ist kein Gehn kein Stehn:
Trittlos ist der Schritt, um ihn
Saust ein scharfer Wind:

Und hinab in Nichts
Fällt er fällt und sucht im Fall
Einen Fänger ... Wen?

Sinnlos-Lotterie

Mit Schrecken, was sah ich?
Menschen ohne Sinn.
Sah – so nah mich:
Ach, mich mittendrin.

Verwüstete Mienen,
Torkelschritt –
Stürz ich mit ihnen
Denn mit?

Noch steht die Fassade
Und zeigt noch Glanz –
Doch malade
Die innre Substanz.

Stützen und Binder
Knirschen, das Dach
Immer minder,
Die Gründung gibt nach.

Laß ich's verkommen,
Zieh halt aus ...
Es wird nichts frommen:
Ich – bin dies Haus.

Balken und Bohlen,
Zement – woher
Es holen,
Daß Aufschub wär ...?

Wie's mit jenen
Geschieht, so end ich nicht –
Sich aufzulehnen,
Trägt es Zuversicht?

Und fühl ich Sinn noch,
Auch wenn ich keinen weiß –
Und entrinn noch
Dem Strudelkreis?

Glücksspieler

Die Morgen, so ernüchtert nach den Nächten
Aus Trunkenheit, die nur aus Gläsern floß,
Sich nicht aus Lebens-Überfluß ergoß,
Der, eingegeben uns von *hohen* Mächten,

Im Herzen stieg – nein, die nur klebrig schlechten
Geschmack im Mund und einen Leichentroß
Im Denken ließ; nach Nächten fern dem Schloß
Des Glücks und voll Verlangen doch, sie brächten

Ans offne Tor uns hin: Die grellen Morgen,
Die in die Augen fahren wie ein Dorn –
Und durch die Pein drängt aufwärts, wie ein Korken

Durch tiefste Wasser steigt: »Fortunas Horn
Wird dort, wo kein Begehr, für Fülle sorgen.«
So leicht ... Und nächtens fängt es an von vorn.

Ernüchterung

Geht die Sonne auf, scheint auf Ruinen:
Festgebäude, deren Konstruktionen
Dunkel du, voll wirrer Konklusionen,
Ausgeheckt. Nicht Bomben, nicht Lawinen,

Nicht den Wahnsinn fremder Assassinen
Brauchte ihr Zusammenbruch, er steckte –
Seit dir Mond im Blut *die* Bauwut weckte –
Tief in allen Plänen. Nun, beschienen

Von der Morgenklarheit, schreckt die schwärzlich
Ausgezackte Trümmerstatt dich vor dir
Selbst und dem, was dir in Sinn und Herz schlich.

In der Helle aber glimmt empor dir
Wunsch und Ahnung auch und macht sie märzlich:
Glück des Tags – und Nacht: zum Tag das Tor dir ...

Freundliche Sirene

Aus der Nacht und Meer und Finsternissen
Tauchte ein Gesicht so klug und klar
Vor mir auf, und sie, der's eigen war,
Schien solch Wesens auch, schien voller Wissen

Um der Wellen Spiel. Und aufgerissen
Wurde dunklem Sinne offenbar
Spur des Glücks – und *da*rin die Gefahr,
Bliebe ich, zu folgen ihr beflissen,

Abzutauchen in des Schwarzmeers Fluten.
Ihre Klarheit zeigte Morgenfrühe.
Ihre Klugheit sprach, wie bald umdüstert

Sie mir würde, säumt' ich, mich zu sputen:
»Macht auch fernes Land zu suchen Mühe –
Wie ich dir erschien«, hat sie geflüstert,

»führt nur so zum Guten.«

Wintertraum

Frostmond im Morgen-
Dämmer – reife Orange,
Traumglanz von sehr weit.

Brieffreundschaft

Du Körperlose, du ohne Gesicht,
Du Klang eines Namens, du Sprache die
Nur stimmlos erklingt, wenn in Briefen sie
Von deinem so lieben Leben mir spricht.

Du Lichtschein aus einem anderen Land,
Und Lachen das eine Sage mir preist,
Du Wesen das aus dem Hoffen entstand
Zu finden, du Bildnis das ich im Geist
Wankend und schwankend sehnlich ersinne,
Und das ich, weil nichts an ihm sicher ist,
Immer wieder von neuem beginne
Und jedesmal frage: Ob du's wohl bist?

O daß ich dich faßbar vor mir sähe –
Das hieße ja längst noch nicht das Ende,
Nicht daß ich nichts mehr an dir dann fände,
Es wär nur ein Anklang deiner Nähe:

Das wär ja nur wie nach Fahrt übers Meer
Vom Mastkorb des Schiffes der Ausruf: Land.
Die Küste erst und dahinter so sehr
Viel Raum voll Geheimnis, noch unbekannt
Vieltausend Wege zu deinem Herzen,
Voller Gefahren – doch wüßte ich Halt
Für meine Füße, für Freuden und Schmerzen
Um dich, auf dem Boden deiner Gestalt.

Rom

I

A Roma

Regen rauschte bei der Abfahrt, Regen
Immer weiter auch, als wir die Grenze
Überquerten, und auch als Firenze
Wir passierten, schon so weit entgegen

Unserm Ziele, wollt er sich nicht legen,
Wollte keine Sonne Lichterkränze,
Daß sie freundlich uns das Bild ergänze,
In den Himmel hängen – nichts als trägen

Regen, der das Land ertränkte, nahmen
Wir durchs Fenster wahr ... – Bis doch die Gräue,
Kaum erhofft mehr, endlich sich in Bläue

Wandelte und Sonne jetzt erblühte.
Und im warmen Glanz, den sie versprühte
Als wär's anders nie gewesen, kamen

wir nach Rom.

II

Roma incommensurabile

So groß ist Rom: man braucht ein ganzes Leben,
Um all die vielen Straßen, Bauten, Plätze
Und ihre vielen vielgenannten Schätze
Sich anzuschauen und für sich zu heben.

Und biegt man einmal auch in Straßen neben
Den Massenwegen ein, nur wenig Meter
Seitab von Corso ... Kapitol ... Sankt Peter ...
Wirkt alles, was die gleiche Stadt noch eben

Gewesen ist, wie ganz und gar verwandelt.
Und einem scheint es: wo man ist, das handelt,
Weit fort von Corso, Kapitol und Dom,

Um eine Landstadt sich nun, die gemächlich
Siesta hält – bis man am Schluß tatsächlich
Das andre fast vergißt: So groß ist Rom.

III

Blick von der Dom-Kuppel

Drängen schäbigere Stadtbezirke
An die vatikanische Reverie:
Statt der Gärten Stein-Monotonie,
Und gefangen von moderner Kirke

Sind die Menschen dieser Stallbezirke
Tief im Schweineelend doch bloß Vieh.
Sehn wir es?, das Mal der Agonie
Jenes Roms, des Zauberkraft bewirke,

Wie wir sagen, daß wir uns verlieben.
Zeigt der Lebenswürfel denn auch hier
Hinter allen Würfen heilig sieben?

Oder ist der Atem von Äonen
In der Stadt vielleicht nur Schein-Plaisir
Für Touristen krank nach Emotionen?

IV

Pantheon

Aus der Überfülle rings der Stadt
Und der Glut der Mittagsstunde
Trittst du endlich in die runde
Stille dieses Raums, erhitzt und matt.

All das Suchen durch die Straßen hat
Nun ein End. Im weiten Kreise
Schwingt es langsam aus. Und leise
Legt sich, wie ein zartes Blütenblatt,

Auf die heißen Sinne Kühle.
Fern dem Klang- und Formgewühle
Draußen, steigen sie der Kuppel zu,

Schweben hoch im Wölbungsbogen,
Lösen sich, ganz eingesogen
Von dem Raum, und sinken tief in Ruh.

Aus Frühlingstagen

I

Die Wolken fliegen,
Der Himmel ist weit,
Die Bäume kriegen
Ihr grüneres Kleid.

Im Park die Bänke
Mit Menschen besetzt:
Als Sonnentränke
Die Dürstende netzt,

Auf Straßen Passanten
Im Bummelgang,
An Musikanten
Und Liedern entlang,

Die Häuserblöcke
Mit Lichtern beflaggt,
Und erste Röcke
Um Beine nackt ...

Ist alles Quelle,
Ist alles so leicht,
An jeder Stelle
Ein Gipfel erreicht:

Die Tage steigen
Und alles steigt mit
Im lockenden Reigen
Mit goldenem Schritt.

II

So sommerlich, o sommerlich die Sonne.
Es ist April, doch sie: August.
Zu heiß wird's da sogar der Nonne –
Berührt von Gottes Lebenslust –

In ihrer Tracht, sie rafft die Säume:
Ein bißchen Luft ... In kurzem Kleid
Weht manch ein Mädchen durch die Träume
Von hochgeschwellter Männlichkeit ...

Der Wald noch licht in kahlen Zweigen,
Doch Anemonen Stern an Stern
Und alle Kraft noch ganz im Steigen,
Dem spätren Sturz im Jahr so fern ...

Auf allen Wegen Karawanen
Ins Sonnenland, nichts als Begehr
Nach Licht und auf den Autobahnen
Rauscht immer stärker Mittelmeer ...

Sommerbilder

I

In ihr Singsangspiel verloren leiern
Wellen plätschernd an den Kieselstrand.
Mücken tanzen in der Luft und feiern
Übermütig Sommer überm Land.

Und im Grase liegen wir und wiegen
Uns im Sonnenhauch des Nachmittags,
Schwalben über uns im Blauen fliegen
Ihre Bögen leichten Flügelschlags.

Wellen plätschern leise ... und verführen
Uns zum Bade, von der Flut umspült
Lassen uns die Schauer wohlig spüren
Wie sie zischend unsre Gluten kühlt.

Draußen weit von allen Ufern legen
Wir uns auf den Rücken, ins Gesicht
Blendet Himmel und mit sachten Schlägen
Treiben wir in leichtem Gleichgewicht,

Schweben durch die Bläue ... drehn uns wieder,
Schwimmen – plantschen, tauchen da und dort
In das kühle grüne Dämmer nieder –
Dann nimmt uns ein Segelboot an Bord.

Und ein Wind hebt an, die Segel bauschen
Weiß und prall sich in die Luft, im Nu
Fliegen wir, ums Schiff von Wellenrauschen
Froh begleitet, auf das Ufer zu ...

Wieder liegen wir im Gras, von hellen
Lichtern überströmt im Sonnenbrand,
Hören in den Lüften einen gellen
Habichtschrei – ist Sommer überm Land.

II

Schön ist, durch Wiesen zu wandern,
Schweben in Duft und Gesang,
Und nieder sinkt Bläue des Himmels,
Landschaft fließt über vor Licht.

Schön, in der Sonne zu liegen,
Schwimmen in Wärme und Glanz,
In Bläue des Himmels versunken,
Trunken, und *da*rin: voll Ruh.

Schön dann, die Augen zu schließen,
Lächelnd, und Körper und Geist
Verfließen im Lichten im Blauen,
Lösen in Tönen sich auf.

Andenken

Most, voll Goldglanz, an
Wintertagen: Herbsttrunk, voll
Sommers, herb wie süß.

Meerblick

Etwas, an ein Netz erinnernd, liegt im Sand.
Fanglos aber ist's, ganz instabil
Krumm verbogen nur durch weichen Wassers Spiel,
Nutz- und namenlos, metallner Gegenstand.

Weiter geht der Blick – und nah dem Strand,
Ihn beglänzend immer hin und her,
Wellen, aus der Weite kommend übers Meer,
Schäumen vor dem Ufer auf ihr weißes Band.

Weiter geht der Blick – und weiße Wolkenhand
Grüßt ihn hoch im hellen Himmel überm Saum
Dunkelblauen Horizonts im weiten Raum ...

Weiter geht der Blick und träumt – ins Unerkannt ...

Urlaubsfahrt

I

Haben kaum doch angefangen,
Urlaubstage hier am Ort,
Und schon soll man wieder fort –
Ist die Zeit so schnell vergangen?

Kommen denn die allzulangen
Alltagstage wieder jetzt?,
Tage, bang, durch die man hetzt,
Ihr Potjomkinpflichtenprangen.

Gegen Alltagsmangelleiden
Nehmen mit wir Proviant,
Aus den Sommerfrühlingsbreiten:

Weites Tal voll Himmelshelle,
Unter Bergen Blütenland,
Tage an der Lebensquelle ...

II

Klein der Proviant und schnell
Aufgebraucht – wovon denn mehren
Sollt' er sich im Wiederkehren
Leergewordner Drehung: Stell

Eine Mühle vor dir, deren
Stein, was korngleich substantiell
Lag dort einst eventuell,
Längst zermahlte – Selbstverzehren

Bleibt nur – das Zuletztstirbthoffen,
Daß das Drehn der Tage mehr
Als ein Kreiseln sei und offen

Noch ein Weg in eigne Fluren,
Mehr als nur die Wiederkehr
Eigenseins im Zwang der Uhren ...

Capodanno

L'anno nuovo:
oggetto perfetto
come un uovo
non già aperto.

Oh, lo spero
che l'interiore
non sia nero
ma con un cuore
d'oro vero.

Verwandlung

O dies Geschwirre
Von Mücken mir ums Gesicht ...
Welch hohe Flugkunst.

Liebesanfang

Flüchtigerster Schein des Lächelns,
Aug in Aug gespiegelt,
Licht-Erzittern das den Schrein
Tiefen Innenseins entriegelt.

Blicke: Suchen–Bitten, Zaudern ...
Heimlich durch den Raum getragen,
Bis die Herzen sich in trautern
Zeichen an die Nähe wagen ...

Und erfaßt von Sonnenwinden
Werden sie herangerissen,
Ineinander sich zu finden –
Nochmals, vor dem ungewissen

Untergang der alten Mauern
In dem fremden Überfließen,
Brandet Bangen auf ... In Schauern
Müssen sie sich doch ergießen,

Und von klingender Gebärde
Aufgelöst in Resonanzen
Schwebt was eben noch beschwerte
Heiter als Gesang und Tanzen.

Dein weinendes Lachen

Du lachst. Dein Lachen
Reißt Abgründe auf. Du lachst,
Ach weine lieber.

Du schwebst, so sagst du –
Im Fallen. Finge dich nur
Ein Meer aus Tränen.

Dein Meer: ich fände
Ein Boot für dich. – Dein Lachen,
Wo soll es schwimmen?

Abgründige Liebe

Du und ich. Und wieder aus der Ferne
Sehn wir uns und rufen. Jeder hört
Groß in sich den Ruf und wäre gerne
Nah beim andern. Von dem Wunsch betört

Gehn wir lächelnd uns entgegen, kommen
Schnell uns nah und näher, und es scheint:
Bald sind alle Grenzen fortgenommen
Und wir zwei vereint.

Aber jedesmal vor uns, je näher
Wir uns kommen, öffnet sich ein Spalt.
Erst nur schmal, wir achten's nicht – doch jäher
Als ein Blitz dann schlägt er voll Gewalt

Uns im Auge ein mit seinen Schwärzen,
Immer dunkler – nimmt mir dein Gesicht.
Und versuchen wir auch auszumerzen
Diese Nacht mit grellem Lächeln – dicht

Liegt sie da vor dir und mir. Ich reiße
Meinen Blick noch hoch ... Doch wie ich geh
Hin zu dir – nur breiter wird die Schneise.
Fern im Dunkeln du. La chance passée.

Wir zwei ...

Sind des andren Brandungswelle,
Doch weil wir auch Klippen sind
Nie an unsrer Uferstelle
Einer jemals Land gewinnt.

Alle Schiffe Schiffbruch leiden,
Jedes auf dem Fels zerspringt,
Hilft kein Ring uns armen beiden
Wenn uns unser Meer verschlingt.

Einer muß dem andern sterben
Lenkt er zu ihm hin sein Schiff,
Weil die Brandung noch nicht Kerben
Die es brechen schlug ins Riff.

Wie lang muß die Welle sägen?
Und zerfraß sie das Gestein –
Mit enthemmten Wellenschlägen
Bricht uns Sturmflut dann herein ...?

Zu einem Geburtstag

Ist Juni geworden, aus vollen Amphoren
Berauschen die Tage sich selber, it's true:
The summer is coming – und junigeboren,
Nel tempo dell'esuberanza, auch du.

Umwundert von Blüten und grünen Kaskaden
Der Büsche und Bäume ta fleur printanière,
Ihr Wachsen sog in sich die Maskeraden
Des quellenden Wandels umher nur zu sehr ...

Die Tage der Höhe, die uns überschwemmen,
Dem Boden entreißen – and then say good-bye,
Umströmen die Erde hilft nirgends ein Dämmen
Ihr Fluten zu halten, drängt alles entzwei.

Ist Juni geworden, aus vollen Amphoren
Sich selber berauschend die Tage, auch du,
Im Juni geboren und juniverloren –
Saltando tu sali lanciandomi giù.

Herz-Schmerz

Ist wirklich für jene inneren Schmerzen
Veraltet der allen vertraute Reim?
Für jene, die brennen, als zöge man Nerzen
Lebendig das Fell ab – insgeheim

Und seufzend, sagt jeder zu sich: Er gilt noch,
Wenn er die verzehrenden Brände fühlt
Und sehnlich sich wünscht: Ach stände ein Schild doch
Dagegen, der sie zurückwirft und kühlt.

Da blättert in Büchern, da schreibt und singt man,
Um Trost zu finden für sich und sein Herz.
Und fühlt die Wunde schon leichter, erklingt dann:
Der Reim, als Echo und Antwort: Schmerz.

Sonetter Blues

So viele Menschen gehn, so viele Paare
Die Straße hin, ich seh sie wie durch Scheiben
Von Schaufenstern, so nah, so ferne treiben
Sie mir vorüber, wie an Ausschußware.

Und seh getrennteste, nicht einigbare
Gestalten doch sich wie in eins verleiben;
Und andre, die sich längst verloren, bleiben
Untrennbar dennoch für den Rest der Jahre.

Was brachte jene und was hält die andern
Zusammen nur? Ich finde keine Maße –
Vielmehr: ein jedes Maß scheint auszureichen.

So viele Paare gehen vorbei. Doch wandern
So viele einsam auch dieselbe Straße.
So nah, so fern – wie geben wir uns Zeichen?

Caféterrasse

Caféterrasse unter Pfeilerlauben,
Sonne, Bahnhofsvorplatz. Autos parken,
Kommen an und fahren ab. Und Haltestellen
Weiter vorne ... Tische, in zwei Reihen,
Schmaler Laufgang zwischen, Menschen
Hin und her, sind manche – ferneduftend,
Kaum mehr da – gepäckbeladen.

Mädchen vor mir, zart ihr Sommernacken,
Haargeriesel sonndurchglitzert. – Und ich lese,
Philosophisches: Sinn und Bedeutung.
Ist bloß Zeitvertreiben, Angst vor Nichtstun,
Fehlt ein Sinn mich zu erfüllen, fehlt Bedeutung
Die ihn in das Leben trüge.

Mädchen du, dein Sommernacken,
Seinen Schwung ganz münden lassen
Ins Gehirn, nicht weiter peripher die Welt,
Zentrifugisch abgetrennt, um*denken* ...
Kurve deines Nackens, auf ihr strömten
Neuronalbanale Kurzschlußschleifen
In ein Zentrum, Kraftfeld hin: o Mund und Hände.

Mund an Haut und Mund zu Lippen,
Überfließend süße Feuchte trinkend,
Zungumschlängeln, Fingerläufe, nie verirrend
Über Körperwege tastend, fassend – alles fände
Sich verschenkend sich erfüllend zueinander,
Eins des anderen Bedeutung tragend,
Alles voller Sinn.

Voll traurige Barballade

Ich stand
An der Bar
Und da war
Sie und war toll.
O ja, ich fand
Sie ganz voll süß ...

Und ich war
Wie ich da stand
An der Bar
Ganz süß voll,
O Liebesband –
Da sprach sie: Tschüs ...

Oh, und noch mehr
Hin und her
An der Bar
Wankte ich rum
Und trank – und dann dies:
Ich fiel um – –
Oh, war mir mies ...!

Sie kam zurück
War kurz nur weg.
Und ich im Dreck,
Klebriges Band
Vor der Bar,
Und dort schwand
Mein Glück –
Oh, voll fies ...

Begegnung

Die Wolken werden DICHTER,
Der Nebel und der Rauch,
Und fehlte mir kein Trichter,
Kein Füllhorn – würd' ich's auch.

Dann sagte ich den Wolken,
Dem Nebel und dem Rauch:
Ihr braucht mir nicht zu folgen,
Weil ich euch nicht mehr brauch.

Ich säng' wie nie ich's konnte
Von Glanz aus schwarzem Haar
Und wie es mich besonnte
Und säng' die Himmel klar.

Sie tönten voller Lerchen –
Und wär es auch nicht wahr,
Dann wär's vielleicht ein Märchen
Und keiner Wunder bar.

Überfluß

... strömt ein Vers mir zu:
Nur ein Wort, der Traum von der
Schönheit der Welt: Du.

In ungewisser Verfassung

(Code Süd-West)

Hawiasag
Omsvrregga ihsrao
Wianemi betrag?
Owiadesdao?

Sischjäned
Firälleaora:
Anlosrhed
Dõnontsvrlaora.

Abrwenni »Hasch
Mivrschdanda?« frag,
Sottseschoaorasch
Wissa wasizuarasag.

Übersetzung:

Ha wia sag
Om's v'rregga ih's'r ao
Wiane mi betrag?
O wia des dao?

Heijeijei, wie sage – wenn nicht
mit höheren Kräften als jenen
bescheidenen normalsterblicher
Menschen ausgestattet –
ich es ihr nur, aus welchen
Komponenten mein Betragen
besteht? O Gott, o Gott, o
Gott, wie soll ich dergleichen
bewerkstelligen?

'S isch jä ned
Fir älle Aora:
An Los'r hed
Dõ nonts v'rlaora.

Das ist ja durchaus nicht für die
Aufnahmeorgane jedweder hör-
fähigen Person an-, aus- und zugedacht. Jemand, der das Geäußerte
durch unberechtigtes Ohrenauf-
stellen oder Spitzen derselben
perzipierte, registrierte, und im
Anschluß daran rubrizierte und
analysierte, hätte hier auf keinen
Fall irgendetwas verloren (weil er
hier schon gar nichts zu suchen
hätte).

Ab'r wenn i »Hasch
Mi v'rschdanda?« frag,
Sott se scho ao rasch
Wissa was i zua 'ra sag.

Indes, wenn ich ihr die Frage stelle,
ob sie mich denn – und dies nicht
allein akustisch – verstanden habe,
dann sollte sie sich schon auch so-
fort in der Lage sehen, dasjenige in
entsprechenden Kontext zu stellen
und zu interpretieren, was ich –
kurz gesagt: zu ihr sage.

Was tun?

Du willst Bericht,
Willst Protokoll?
Nun weiß ich nicht
Wie es gehen soll.

Erst schien's ein Spiel,
Halb Spott halb Scherz –
Nun scheint sein Ziel
Mir tieferwärts.

Betrag ich mich
Ob falsch ob brav
Verwirrt es sich
Weil dich ich traf.

Für jeden Tag
Mein Protokoll ...
Weißt *du* es, dann sag
Wie's lauten soll.

Ach besser wohl
Du sagst es nicht
Und Alkohol
Löst den Verzicht.

So wär es gut
So gut wie schlecht –
Kein Azimut
Weist mir es zurecht ...

Im Scherz, im Ernst

Wie war, fragst du, in diesen Tagen
So seit Beginn des Januar
Im Lebensgang denn mein Betragen? –
Ja weiß der Himmel, wie es war.

War ich zu jeder Stunde brav
Mit allem, was ich dacht' und tat,
War nichts ich als ein dummes Schaf? –
Ja, wie? Ich weiß mir keinen Rat.

Hab, was auch war, ich's nur versiebt? –
Im Film: stakkato kreischen Geigen.
Hab ich vielleicht – und leis nun weept
Die E-Guitar ... Der Rest ist Schweigen.

Drei Möglichkeiten der Auflösung
von Strophe drei.
Bitte Zutreffendes ankreuzen:

Hab, was auch war, ich's nur versiebt? –
Im Film: stakkato kreischen Geigen.
Hab ich vielleicht

            auf immer es
Verscherzt, ist jede Chance zerstiebt?:
Oh Absturz voller Schmerz und Tränen –
Oh still, kein Wort mehr davon, Schweigen.

mein Tun ja doch
Am Ende *halb*wegs hingekriegt?:
Oh Glückserschüttrung, Freudentränen –
Oh still, kein weitres Wort mehr, Schweigen.

am Ende mich ...?
Oh wenn – und die Gitarre weept –
Oh dann kein Weg. Trotz allem Sehnen
Verwehrtes Glück. Es bleibt nur: Schweigen ...

Short story

War je schon eine
So meine Unruh und Ruh
Wie du? Nie. Keine.

Einspruch

Der Himmel lichtlos, ohne Wärme die Luft.
Verfehlten Tag für den Ausflug gewählt.

Zwei Menschen, sehr verschiedne Wesen.
Beieinander. Zusammen nicht.

Das Fahrtziel: gemeinsam.
Das Lebensziel anders.

Heimkunft, Abschied.
Geht jeder für sich.

Das alles ist so.
Und so soll

Das alles
Enden

So ...?

Du

Autosuggestion
Hexentrug
Rauschillusion ...?
Plötzlich: genug.

Stich der brennt,
Kein Antidot.
Was er auch trennt:
Schnitt – oder Tod.

Torheit! Narretei!
Heilung: wozu?
Wär es vorbei
Wo wärst – *Du* ...?

Schönstes Wort,
Schwierigstes auch:
Ich und Welt verdorrt
Fehlt sein Gebrauch.

Alles ...

Alles Hoffen, Wünschen und Begehren
Das ist nichts.
Alle Mühen, Ängste die beschweren
Sie sind nichts.
Und des Glücks und Zorns und Schreckens Schauer
Alles nichts.
Alle Liebe, aller Haß und alle Trauer
Sie sind nichts.
Eines Tages, eines Lebens Dauer
Es ist nichts.
Füllhornfülle, Kargheit des Verzichts
Nichts und nichts.
Höhlendunkel, Himmelsglanz des Lichts
Eins wie alles nichts.
Und daß alles nichts ist –
Ist ein Nichts.
Und auch dieses Nichts
Ist nichts.

Und weil alles Nichts nur nichts ist, ist es gleich
Ob ich hoffe, traure, dich mit Schmerz begehre,
Ob mich Glück durchschaure oder Angst verzehre,
Ob Erfüllung wartet oder nur Verzicht
Alles das hat kein Gewicht.
Aber weil du da bist, ist mein Leben reich.

Traumfrauwirklichkeit

I

Immer ist Traum dabei.
Wirklichkeit viel verwehrt.
Ob da Ähnlichkeit sei?
Sie nur ihn nährt.
Er ohne sie – entleert.

II

Traum dabei ist immer ...
Wenn aus ihm man erwacht
Glaube nicht, im Morgenschimmer.
Es ist umgekehrt –:
Mitten in der Nacht.

III

Du bist mein Traum, durch meine Träume
Gehst tags du mehr noch als zur Nacht,
Und bist das Gegenteil der »Schäume«,
Mein Traum: zur Wirklichkeit erwacht.

»Sei vorsichtig mit Worten ...«

Vorsichtig geh hin mein Wort und sag ihr,
Daß ich, selbst wenn nichts mehr ich ihr schriebe
Oder sagte, trotzdem jeden Tag mir
Wiederholte, wie ich sehr sie ... –
Und mit keinem Male übertriebe.

Rätsel

I

Dir wünsche ich zu dieses Tags Beschluß
Nun gute Nacht, gute Nacht, gute Nacht.
Und dreimal geb dazu dir ...–
Weißt du den Reim, der mich hier träumen macht?

II

Auch den Morgen dir versüßen
Wollt ich: wollt dich grüßen wie zur Nacht ...
Klang zu lang das Wort mir: *grüßen*.
Kürzer klingendes,
Mehr gewinnendes –
Wär's mir jemals zugedacht?

Meine Liebe

Die Schönste, sag mir, wer es ist?
Mein Glück ist's, meine Liebe.

Und sag, nach welchem Maße mißt
Du sie? – Nach dem der Liebe.

Was glaubst du, was für sie du bist?
Was ich auch sei, ich liebe.

Vielleicht verbleibt nur kleine Frist?
Kein Zeiger schreckt die Liebe.

Wenn deiner leid sie dich vergißt?
Bleibt mir, daß ich sie liebe.

Und wenn's nur schönen Traumes List?
Kennt größre List die Liebe.

November

Der Himmel grau
Verschlossen, trist.
Ich such und schau
Wo Sonne ist.

Der Himmel, blind,
Verweigert sich.
In mir ich find
Sie – find ich *dich*.

Skorpion

November, trübster
Der Monate – November,
Voll Freude, der *dich*
Von weither mir geschenkt hat,
November: schönster Monat.

Glückswiederholung

Dich wiederhol ich
Immer aufs neu' und immer
Find ich ganz neu dich

Stets find ich neu dich,
Du, der Sonne gleich, vertraut
So und Lebenslicht.

Zwangspause

Tage, kalt und trübe.
Und ich sitz allein
Hier zu Haus und übe
Ohne dich zu sein.

Will mir schlecht nur glücken,
Antrieb fehlt und Kraft –
Bring's aus freien Stücken
Nie zur Meisterschaft.

Will kein Meister werden.
O wenn ich's nicht müßt!
Wünsch noch oft auf Erden
Mich von dir geküßt.

Aufhellung

Wolken düstern tief
Abwärts, Endlosregen,
Kalten Winds versprüht.
Aber mir glänzt allerwegen
Warm die Sonne: weil du kommst.

Wahr-Sage

Sie kam einst von fern –
Das sah ich so gern;
Von ferne und blieb –
Das war mir so lieb;
Am liebsten dann dies:
Zu sich sie mich ließ;
Ließ bleiben mich gar –
Das alles:
      wie wunderbar wahr ...

Zum neuen Jahr

Wieder steigen die
Wünsche – ich schaue auf dich:
Einer vor allen ...

Museumsklagen

I

Kleiderklage

Eingeschlossen, starr, in die Vitrinen,
Warten wir wie Jahr um Jahr sich jährt,
Während öde unsre Ruhe währt,
Ohne daß wir noch zu etwas dienen.

Und wir träumen von den bunten Tagen
Unsrer hingeschwundnen Zeit, als wir
Noch getragen wurden, unsre Zier –
Fern dem heute bitteren Entsagen –

Schönheit diesen hier noch mehr betonte,
Daß ihr Strahlen weithin sichtbar sei,
Oder tröstete durch Schmeichelei
Dort mit Reizen nicht so sehr Belohnte.

Doch die Puppen die wir jetzt verhüllen,
Kopf- und gliederlos, der Hals ein Stumpf,
Fühllos!, nur ein drahtgeflochtner Rumpf,
Können uns mit keinem Leben füllen:

Keine wird von diesen je uns wählen,
Wägend welches Kleid zum Anlaß paßt,
Daß nachher dann im Erwähltsein fast
Wir mit unsern Trägern uns vermählen.

Und wer nimmt uns je in seinen Schritten
Mit zum Tanze wieder, wessen Duft
Kost uns süß und warm in dieser Gruft,
Wo die Haut wie zarte Margueriten ...? – –

Nichts. Und von den draußen auch das größte
Über uns Entzücktsein, ach, gebiert
Keine Hilfe für uns drin – uns friert,
Und ringsum ist nichts das uns erlöste.

II

Altes Klavier

Ach, alle gehen sie an mir vorbei.
Sie kommen alle her und bleiben stehn –
Nur um mich anzusehn,
Und gehen weiter, kluger Worte voll,
Ästhetisch fühlend oder plump und stumpf.
Doch macht es einen Unterschied für mich?
Was wissen *die* und *die*, was fühlen sie
Von meinem Jammer, meiner Dürre – was?
Sie kommen alle nur und bleiben stehn
Um nichts als eine Mumie anzusehn.
Und keinen stört dies Stummsein das mich quält,
Mich preßt: Ich war erschaffen doch einmal
Zum Klingen Singen ... Saiten Tastatur
Und Hammerwerk Pedale und mein Holz ...
Mit allem wartete ich nur darauf
Daß einer spielen möge, spielen und
Die Tasten rühre: mich ins Leben bringt
Daß meine Welt erklingt und schwingt in Tönen ...

Doch alle gehen sie an mir vorbei,
Und ich muß ihre Schritte, Stimmen, muß
Wie sie mich anschauen und immerzu
Dann weitergehn ertragen – wär ich doch
Allein nur irgendwo und müßte nicht,
Wenn wo ein Schritt erklingt, wenn jemand spricht,

Gleich wieder greller falscher Hoffnung voll,
Voll der Erwartung sein, daß jemand kommt,
Daß jemand kommt zu mir und ... – müßte nicht
Enttäuscht und leer und einmal mehr
In mein Verlies zurückgestoßen sein.
Wär ich allein dort irgendwo, wo mich
Das Dämmer stillen Einerleis umfing',
Wo ich verträumt in der Erinnerung
An den Gesang der frühren Tage mich
Verlieren könnte und, mit ihr dann eins,
Darin vergehen ... nimmer jäh gestört
Und aufgeschreckt, weil wieder Schritte klingen ...

Doch alle gehen nur an mir vorbei,
Und ich bin festgebannt an diesen Ort,
Und muß es sehn, und wünsche mir allzeit
Es setzte einer sich nur einmal nieder,
Einmal doch nur – und spielte endlich wieder:
Musik ... o hört ihr fühlt ihr? – Aber nein,
Wer rührt mich an, da es verboten ist?
Und nie mehr nun?: das leichte Ruhn der Hand
An meinen Tasten, weich und doch gespannt,
Bereit im Spiele zu beginnen, o
Erwartung in mir Vorerklingen ... Nie?
Nie mehr der Druck der Fingerläufe, sanft
Und streichelnd – Töne wie ein Hauch ein Duft
Entfliehend ... Nie das andre: Schlag auf Schlag
Daß mich's durchbebt – in feierlicher Wut
Nun alle Töne rauschen brausen ... Nie?,
Nie mehr die Pausen, wenn im Nachklang der

Noch eben angespielten Töne sacht
Sich eine Stille wölben will in mir,
Und schwebt ... bis dann aus ihr
Der nächste Ton geboren wird – und ich versink
Erneut im Strom im Spielen tief ... O nie?
Nie mehr die andern Pausen auch, am End,
Wenn nach dem Spiel allein ich steh,
Und alles ruht umher. Und von dem Sang
Noch ganz erfüllt lausch seinen Wellen ich,
Dem Tanze nach – ist alles Tanz für mich
Was mich durchdringt – und tanze innerlich
Noch einmal alles bis es ganz verweht ...
Und dann das Warten daß die Zeit vergeht
Und neues Spiel mich rufe – und gewiß
Daß bald ich neu ertön ertrag ich es
Mit leichtem Sinn und geb dem Traum mich hin,
Der Vorahnung von neuem Glück und bin
Nur aufgeregt vor froher Ungeduld,
Die in mir pocht wie Liebeswarten ... Nie?,
Nie Spiel und Tanz und nie der Schauer mehr,
Der zitternd hin durch meine Saiten läuft
Wenn meine Hämmer springen – und nie mehr
Das Fühlen beim Erklingen, ganz und gar
Im Klange selber Klang zu sein, im Raume ...

Nie mehr: Ach alle kommen her und stehn,
Nur um mich anzusehn.
Sie schaun und denken sich ihr Allerlei,
Und gehen alle, alle dann vorbei.

Räume in ehemaligem Kloster

Verlassen seid ihr. Niemand mehr lebt noch
In euch. Nicht Wohnen, nicht Arbeit füllt euch
Das Dasein noch. Und scheinbar bewahrend,
Wird auch die Erinnerung euch geraubt.

Zwar finden zu euch zahlreich die Scharen
Den Weg und hören dann von Vergangnem
Erzählen. Aber sie nehmen den Nachklang
Zerstreuend euch fort nur, daß immer mehr

Die frühre Melodie euch sich auflöst.
Doch ihr dürft nicht mit vergehn, sie halten
Euch aufrecht und verkleiden was dasteht
Mit *ihren* Geräuschen, euch alle fremd.

Und die selbst, die's erzählen, sie fangen's
Wie Falter, spießen es auf. Da sieht man
Genauer Teil um Teil – ganz ohne
Ihr Wahrsein: ihr Leben. Und Wort um Wort

Vertrocknen sie, verbleichen. Und lang schon
Vom Quell des Lebens verbannt wird so euch
Wie einst ihr lebtet auch noch verwüstet:
Bleibt nur eine Mumie, die doch sich weiß.

Stuhlgedicht

Weißt du, wie lange Stühle stehn
Und warten, still auf irgendwen,
Daß er sich setzt?
Bei jedem der vorübergeht
Zuckt es durch ihr Stillsein: Jetzt.

So harrt ein jeder Stuhl und steht,
All die langen Stunden fleht
Voll Sehnen er nur um ein Bein,
Das weich sich an sein hartes biegt;
Da wünscht er sich, ein warmer Rücken
Möge, an ihn angeschmiegt,
Gegen seine Lehne drücken.

Und saugt er gierig in sich ein
Die Wärme dann, so fängt er an
Leise knarrend sich zu dehnen,
Als sei er eben erst erwacht.
Je mehr sich jene an ihn lehnen,
Auf ihm lasten, daß vielleicht
Sein ganzer Körper knirscht und kracht,
Wird um so mehr sein Leben leicht.

Und wenn du feine Ohren hast,
Hörst du, wenn du dich erhebst, sein Klagen:
Ihm ist das Leben schwer und leer
Kann keine Last er tragen.

Lampenleben

Für euch ist die Nacht, was uns der Tag ist.
Verebben unsre tätigen Ströme
Der Trägheit zu, dann rauschen die euren
Herauf erst; und lösen sich, hin zum Schlaf

Verdämmernd, die Sinne uns, erwacht dann
Zur Klarheit ihr und eurer Bestimmung
Wahrhaftes Sein; und rollen wir einwärts
Die Fühler, so strahlt ihr nur mehr euch aus.

Vergäße euch einer, wenn ihr Glanz nur
Und Glut noch seid, und ließe allein euch
In finstrer Nacht – da fühltet den Quell ihr
Lebendigen Daseins erst recht. Und tief

Zerbricht euch das Leben, zwingt der Schläfer
Mit seinem Mattsein, lang vor es Zeit wär,
Ins Dunkel euch, das Stunden der Helle
Jetzt raubt und woraus ihr im Grund doch lebt.

Und darum, wenn sinkt das Jahr und nachtwärts
Die Tage immer früher sich neigen,
Steigt eure hohe Zeit und erglüht ihr
Wie reifende Früchte; und werdet gar

Dem Wachsein der andern, da zu stark sonst
In Nacht es untertauchte, zur Sonne,
In Stunden lange fern euch. So brennt ihr
Am hellsten in dunkelster kalter Zeit.

Leben und Fakten

Die alten Zeiten – heut sehn wir sie nüchtern,
Im Zeichen der Wissenschaft: viel Mühsal und Not.
Verklärende Sicht als Schimärenglaube entlarvt,
Die Fakten beweisen's. – Und unsere Zeit? Heut sterben
Die Menschen alltäglich vor allem an Krebs,
An Herzinfarkt, und dann die Verkehrsunglücksziffern:
Ein wahrer Straßenkampf – sind alles ja doch,
In unserem hochgestylten Kulturkreis wohlgemerkt,
Sehr ungesunde Tode, und alle bedingt
Durch unsere Lebensart. Und wer stirbt denn heute
(Ganz gleich wie das früher war), weil seelenmäßig
Sein Lebensvermögen sich *erfüllt* hat?

Was noch von den Umständen heutigen Lebens ...?
Zum Beispiel dies: Die Luft oft ein ätzendes Gas,
Zerfrißt den Stein der Häuser, die Bäume sterben;
Was tut sie an uns, die wir sie atmen? Die Landschaft
Versteinert, unter Gebäuden und Straßen verschwinden
Die Wälder, die Wiesen – minütlich (oder war's nur
Pro Stunde?) so und so viele Hektar, und was
An sogenannter Natur ein Dasein noch fristet,
Ein Flickwerk ist's aus mehr Löchern als aus Stoff;
Kein stilles Land mehr, das ausgleichend ruht um uns,
Zergliedert alles – geschlossene Anstalt, vergittert
Die Fenster, innen flackerndes Neonlicht.

Und Psychoterror an allen Tagen, wir hören
Und sehen rund um den Globus, und immer
Schrillt irgendwo Krieg oder sonst ein Massaker,
Ruft Unglück und Elend zu uns, die Welt
Ist eingesponnen davon, und unentrinnbar
Hält zudem uns fest das finstere Wissen:
Vernichtung der Welt, nun ist sie möglich,
Zu jeder Zeit, durch menschliche Kraft, die Welt
In Bombenstimmung – mit so vielen Tänzern.
Wer hält denn das aus? Und diese Fakten,
Wie lassen sie's zu, daß wir heutzutage
Auch ganz gut leben können, und Glück auch erfahren ...?

Falsche Vorstellung

Frühlingsabend leuchtet.
So weich die Luft. Am freien Platz
Verlockt mich mit bester Aussicht
Auf das Straßenschauspiel der Gruß
Bunter Lokal-Terrasse.
Stühle längsgereiht,
Auf einem ich, ein Glas vor mir,
Von goldenem Glanz erfüllt ...

Plötzlich springt neben mir
Ein Mehr-als-Schoßhund auf den Stuhl.
Wie er dahockt, größer als ich,
Meint hinter ihm vor sein Frauchen:
Eigentlich tut er das nie.
Sie, luftiges Kleid –
Wenn's denn sein soll. Hauptsache, er
Tut sonst nichts und macht sich klein ...

Dann macht er den Platz frei.
Ein Wesen naht der Gattung Mensch,
Ähnlicher einem – frag nicht, was –
Stammgast wohl, ruft Bier! und zieht sich
Kaum daß er sitzt das Hemd aus.
O Gemütlichkeit –
Fleischberg, der neben mir aufquillt,
Käsig, molluskenartig ...

Und von Herzen wünsch ich mir
Den Hund zurück, das reine Tier.

Nachricht vom alltäglichen Grauen

Ein Unternehmensberater spricht:
»Wenn wir präferieren,
Studienabgänger zu rekrutieren,
denen es gelungen ist,
im Ausland zu reüssieren,
so tun wir das nicht
nur, weil wir wissen, dass
im Ausland studieren
häufig hilft, das Studium
zielführender zu absolvieren.
Uns treibt, so zu agieren,
auch die Überzeugung, dass
in einer Welt, die wir
durch Mobilität definieren,
Weltoffenheit und
effektive *Unternehmens-*
Kultur sowie das Formieren
der Persönlichkeit
notwendig kongruieren.«

Soziologen-Zusatz:
»Das *Lebenslaufprofil*
muss natürlich korrelieren
mit der Arbeitsmarkt-Nachfrage,
um sich zu *rentieren*.«

Fazit:
Also laßt uns
nach unserem Bilde
Persönlichkeiten profilieren.

In der Stadt

I

Die vielen Menschen sehen alle aus,
Als wüßten sie genau wohin es geht,
Als müßten sie niemals in ein Gebet
Sich flüchten, fern verschlagen von zuhaus;

Als wären sie ganz sicher sich des Baus
Der Welt, die ohne Netz im Raum sich dreht,
Als wandelte kein Wind der ihnen weht
Sich jemals drohend um in Sturmgebraus.

Doch treibt in diesem steten Streben
Auch manchmal einer hin, der schaut so bang,
Als würde ihm in seinem Leben

Die Suche nach dem Ziel nicht glücken,
Als fänd er keinen Weg: Dem folg ich lang
Noch hinterher mit meinen Blicken.

II

Wie ist der Tag vergangen nur, wer kann
Die Stunden nennen mir und sagt den Sinn
Des langen Irrwegs?, wer sagt mir wohin
Ich ging durch dumpfes Irgendwo und -wann?,

Von einem Zwang geführt, in dessen Bann
An diesem Tage ich so unruhvoll,
Und doch nicht wissend was ich suchen soll,
Ein Wandern endlos durch die Stadt begann.

Ein Wandern ziellos hin nach einem Ziel
Das immerzu mich zu sich rief und zog
Durch Straßen kreuz und quer in blindem Spiel.

Und jede Straße dann in die ich bog
Erschien voll Hoffnung und versprach mir viel.
Ich ging hindurch – und jede Straße log.

Trinker

Tritt einer irgendwo an eine Theke.
Bestellt sich Bier um Bier. Sonst spricht er nichts.
Trinkt sich nur voll, auf daß die Flut bewege
Die Last in ihm erstummenden Gewichts.

Kommt andrer her, mit feuchtem Trost zu zechen.
Und wie's ihm einströmt strömt ein Monolog
Des Unverstandenseins in vollen Bächen,
Ein Toten-Meer, aus seinem Kummertrog.

Und an den Tischen sitzen viele, heben
Im Bunde Glas um Glas, vor Scherz und Spaß
Beinahe sterbend, füllen nur die Gräben
Des Nichts um sich, ihr Danaiden-Faß ...

So sinken Kneipennächte hin, durchfuselt,
In Dunst- und Dämmerdasein eingelöst,
Bis man verschwimmt und endlich ganz beduselt
Die Grenzen seines kargen Ichs durchstößt.

Besessenheit

I

Krachend schlägt die Türe zu: Gefangen
Sitze ich im Käfig meines bösen
Raubtierrudels, weiß mich nicht zu lösen,
Reiß ich noch so an den Gitterstangen.

Kenn sie, nenn sie: Meiner Zucht entsprangen
Sie, und dennoch – oh, und was den Schößen
Noch entkriecht: Es zeigt sich solch monströsen
Anblicks – ist von mir das ausgegangen?

Wo, die Türe für mich aufzusperren,
Ist ein Schlüssel, wo ein Schloß – ich merke,
Wie bereits die Bestien an mir zerren.

Wo ich aber, flüchtend, mich auch bärge,
Fänd ich meines Tuns sie als die Herren:
In mir sind sie unheilvoll am Werke.

II

Schwer dich stützend gehst du an Geländern
Lang schon hin – und weiß doch längst auch: Stangen
Eines Käfig sind's, drin du gefangen –
Und verloren längst ist dir das Schlendern

Offnen Schauens und, nach neuen Ländern
Sinn und Seele weitend zu gelangen,
Auch der Wageschritt – und weißt voll Bangen,
Ohne es zu tun: Du muß dich ändern.

Gitterwerk, um dich gebaut – der Schmiede
In dir selbst entstammend: Aus dem Glühen
All der Ängste, von dem Amboß ihrer

Vorurteile, knechtisch dort von stierer
Trotzigkeit gehämmert – so viel Mühen ...
Sie für andres: Denk, was dir geriete ...

Niedertracht

I

Gaukelvolk der Niedertracht,
Clowns der Hinterhältigkeit –
Tragen sie poetisch' Kleid,
Stoff, aus dem man Lieder macht?

Jubeltag und Absturznacht –
Mehr als Glück: Was *nicht* gelingt,
Was das Leben preßt und wringt,
Wird in Klang und Form gebracht.

Kann dann nicht, was fies und mies,
Hinterfotzig, arschgemein –
Grinse-Gruß, es grunzt ein Schwein –

Kann nicht das, was doch bewies:
Etwas fehlt, uns Drang und Mut
Geben für, was schön und gut ...?

II

Das Schöne aber kümmert nicht,
Was gut für uns, was uns erfreut.
Aurora, die den Tag erneut,
Verbirgt ein fremdestes Gesicht.

Das Gute, das den Zucker streut,
Als Salz in Wunden andrer sticht,
Und ist es gut gemeint nur – bricht
Es ein, wie Weingenuß, der reut.

Das Schöne und das Gute sind
Für *uns* nur jeweils so, an sich
Sind sie für Menschenmaße blind.

Und auch nur *jeweils* wahr wär dann
Das Schlechte? Wahrheit – fürchterlich.
– – Verwahr dich gegen diesen Bann.

Schmutz

Schmutz –
In Zimmern
Und auf Wegen,
Auch den schlimmern,
Kann man fegen,
Ihn entleeren,
Kann ihm wehren ...

Schmutz –
Aus Menschenmunde:
Einwärts dringt er,
frißt sich Wunde,
Zugang bringt er
Für Bakterien, Bazillen,
Wundbrand, nicht zu stillen ...

Schmutz –
Aus Menschenworten
Dringt stets weiter:
Meuchlerisch zu morden
Gift und Eiter
Tief ins Herz sich senken –
Ohne doch den Tod zu schenken ...

Schmutz –
Aus Menschenschlünden:
Sucht mit hehrem Sinne
Oft sich zu begründen –
Sprudelnde Kloakenrinne,
Sehnsuchtsglauben zu verhöhnen:
Ach, des Wahren, Guten, Schönen ...

Säuberung

Von einem Ungeheuer ging die Sage,
Jenseits der Stadt im nahen Walde draußen.
Es habe, hörte man gespannt mit Grausen,
Schon manchen sich geholt. Und schlimmre Plage

Verhüte nur, wer's rechtzeitig erschlage,
So hieß es bald: eh's *in* die Stadt eindränge
Und blutig dort gebrauchte seine Fänge.
Dann hörte man, es *sei* schon da und jage.

So viele, hieß es, fielen seinem Rasen
Zum Opfer, nirgends sei die Stadt mehr sicher.
Und könnt's nicht auch in fremde Körper dringen

Und jeder sein? Das Böse zu bezwingen,
Schwärmten Befreier aus – und fürchterlicher
Als je geahnt durchtobte jetzt die Straßen

                das Ungeheuer.

Totschläger

In Haufen, in Heeren,
Gelenkt von Führern;
Zu zweit nur und einzeln,
Auf eigene Faust;
Zu jeglicher Stunde,
Durch Länder und Zeiten;
Noch niemals besiegt,
Auch wo wir verloren;
Erneuernder Kraft
Uns immer sicher:
So ziehn im Triumph wir,
Ziehn blutige Spur –
Und sind, wie anders wir scheinen,
Ein einziger nur,
Ein Drang, ein Gebot:
Der Große Schlagetot.

Mit tausend Gesichtern,
Verschiedensten Mienen
Stehn wir vor der Tür;
Umhüllt von Gewändern
Von manniger Art
An Zuschnitt und Farbe,
Dem Anlaß entsprechend;
In jeder Sprache
Des Fangworts gewiß,
Mit vielerlei Stimmen

Erlügen wir Einlaß,
Ziehn blutige Spur –
Und sind, wie anders wir scheinen,
Ein einziger nur,
Ein Drang, ein Gebot:
Der Große Schlagetot.

Es hilft uns und half schon
Uns alles, Vernunft
So gut wie der Wahnsinn,
Der Wissenschaft Licht
Und dumpfes Empfinden
Und Zorn der Gerechten,
Die Mobwut und Gier
Nach Macht, nach Reichtum
Und Sehnsucht nach Freiheit,
Die Philosophen,
Die Gottesverkünder:
Für blutige Spur –
Und sind, wie anders wir scheinen,
Ein einziger nur,
Ein Drang, ein Gebot:
Der Große Schlagetot.

Wir lieben die Toten,
Ihr Totsein heißt Leben
Für uns, o wir haben
Zu töten die Macht;
Sind *sie* die Opfer
Für unser Leben,

Sind Opfer dem Tode,
Nicht wir, nicht wir:
Wir töten und spüren
Lebendige Kraft,
Befreien vom Tod uns
Mit blutiger Spur.
Und sind, wie anders wir scheinen,
Ein einziger nur,
Ein Drang, ein Gebot:
Der Große Schlagetot.

Begegnung

Und dann die Schönheit: Aufschaun und Anblick:
Ein Mensch ...

Mensch, der zerreißt, der zerstört und
Verheert und versehrt, der tötet, sich empört
Wider die Erde, die seine Wohnstatt,
Wie immer sie sei, in der er lebt
Und stirbt, gleich all ihren Wesen.

Der Mensch – und dennoch:
Hier *Schönheit* – Epiphanie,
Die ihn überleuchtet: Menschsein das
Alles Leben der Welt, wie verschieden
Zu ihm, wie fremd es einander
Auch scheine, vermag zusammenzuführen
In sich.

Mensch, der Empörer, Zerstörer,
Dem alles, leidvoll, qualvoll, erliegt.
Auch er selbst.
Und einziger der zu erkennen fähig
Und zum Bekenntnis, umfassend wahr:
Das bist Du ...

Der Mensch dann: Eins und Alles.

Aber so selten – so oft
Ist mehr noch als allem was rings die Welt
Er selbst sich fremd.

Koan

Nicht der Einzelne
Wichtig fürs Leben ist nichts
Als der Einzelne : || (ad inf.)

Letzter Abschied

Willst du schon gehn? Bleib doch noch hier,
Du mußt dich nicht beeilen –

Ich weiß ja, immer können wir
Beisammen nicht verweilen,
Und niemand auch für sich allein
Kann Dauer hier bewahren,
Wird jeder irgendwann was kein
Gedanke faßt erfahren ...

Ach, irgendwann ... erst wenn du alt
Geworden sollst du's kennen – –
Und gehst, so früh schon – und als Halt
Bleibt nur, dich noch zu nennen.

Geburtstage

I

Wie über Straßen Autos jagen
Die Jahre eins ums andre fliehn.
Und fliehn nicht nur, vielmehr sie ziehn
Uns mit: wir sitzen selbst im Wagen

Der niemals anhält, an den Tagen
Da wir Geburtstag feiern scheint
Der Fahrtwind oft erst recht ein Feind,
Mit allen Bildern die uns tragen.

Doch solche Tage sind auch Zeichen
Für die Etappen unsrer Fahrt
Und lassen, wenn sie fern auch weichen,

Zurück uns finden, nah zum Start:
Was so erinnernd wir erreichen,
Wird Teil dann unsrer Gegenwart.

II

Wird Teil ...? Nur wie das Laufwerk schnarrt
Wird so bewußt und nur noch mehr
Daß wir vergehen: schwer so schwer
Preßt uns die Fliehkraft dieser Fahrt ...

Doch acht ich nur, was meiner harrt
Im Vorwärtsdrang der Zeit – vergeh
Ich auch. Und sehr, denn wer kann je
Was *werden*, dessen Gegenwart

Auf nichts sich baut. Und schau ich nur
Nach rückwärts: wie kann ich noch *sein*,
Wenn nichts mehr weiterführt die Spur.

Und leb ich scheinbar zeitlos hin
Im Augenblick – fällt wie ein Stein
Mein Dasein und ist ohne Sinn.

Lebenszerstörende
lebensbeschwörende Zeit

Leise tickt die Uhr im Raum,
So gewohnt den Ohren, kaum
Gibt man auf den Ton noch acht.

Aber horch nur hin und schon
Ändert sich der feine Ton,
Wird zum Hammerschlag und macht
Lärmend sich nun breit im Zimmer,
Hämmert immer lauter immer
Schneller, allem Maß entbunden
Rasen die Sekunden Stunden ...

So auch hör ich in mir eine
Uhr am Werke, seh in irren
Kreisen ihre Zeiger schwirren
Und ich fühl wie schwere Steine
Ihre Zuggewichte fallen
Unaufhaltsam durch die Tage
Die wie Rauch vorüberwallen
Da ich durch die Tage jage.

Zeit, in dein endloses Fließen
Muß sich alle Form ergießen,
Ohne Möglichkeit zu dauern
Muß den drängenden Gewalten
Alles beugen sich, es halten
Auch die standhaftesten Mauern

Deine Fluten nicht, die schweren
Wände brichst du leicht ... –

               Doch wären
Welt und wir und was wir hassen,
Fliehen, suchen, liebend fassen –
Wäre alles nicht verloren
So in dir, wär endlos weit
Leere nur, herzlose Zeit,
Und kein Leben je geboren ...

Fernweh

Du bist ferne. Halten konnt ich dich nicht.
Trennung ist aber auch nicht ... Noch immer
Häng ich an dir. Und wo du auch gehen magst,
Du, in dein Fernsein befiehlst du mich mit.

Als du nahe warst, was tat ich denn da?
Fühl ich's wie nah du mir bist so fern erst,
In der Verlassenheit Not? Ach damals –
Was für ein Fremdes verriet uns? Und nichts

Gab es, das zu brechen? Immer zu spät
Weckt uns der Türstrahl; was zu uns hinwill,
Wir nur verraten's, glauben's so sicher
Zu uns gehörig schon. Und es entflieht.

Schläfer wir, ein Puppenwandeln im Traum.
Rühren Geräusche uns auch und Schatten
Durch unsre Nacht, wir zucken nur, folgen
In uns nur Schemen. Der Tag geht vorbei.

Let's dance

Durch Jahr und Leben Menschentanz
In Pas de deux und Menuetten
Und Solo-Nummern – Mummenschanz
Auf glatten schwankenden Parketten.

Ein Medley flott von Blues bis Samba
Im Schlaf im Wachen, Tanz fatal,
Paris und Oxford weite Pampa
Gen Himmel schwebend infernal:

Der Tanz ist überall, und still
Bleibt keiner stehn die Rhythmen fassen
Ins Innerste, auch wer's nicht will
Muß mitgehn, durch die Tänzermassen

Springt Lachen, Zweiunddreißig-Ender,
Dahinter finstres Rachentier,
Fließt Träne, Salz der Trauerländer,
Erglänzt sie blendend, ein Saphir,

Lichtblitze Disco Stroboskop
Läßt alles Zucken ruhen scheinbar
Sind Muster die Ballettkunst wob
Zerhackt mit keinem Takt mehr einbar –

Was birgt sich wo? Die hohen Schätze
Aus Schächten in das heiße Blut
Der Erde, fernste Tänzersätze
Macht springen diese Urzeit-Glut.

Diskothek

I

Ekstasen in rasender Trance
Verrauschen verströmen – den Krallen
Der Regelkreise entfallen
Der logischen Trennungs-Balance

Im Tanzen o rasende Trance
Im Branden der Rhythmen Zerstören
Der Klippen im Seufzen und Röhren
Der Töne versöhnende Chance

Zur Sinnesentgrenzung Frequenzen
Der Urwelt in zuckenden Tänzen
Verströmen noch weiter o Phon

O Tanzen ans Ende der Welten
Wo keine Bedenken mehr gelten
Hinein – ins Auge des Zyklon …

II

Wie aber in den hackend zerhackten
Lichtern wo Leiber zuckend sich werfen
Krampfend stampfend sich winden die Schärfen
Schartiger Töne mit den gezackten

Bodenerbebend trampelnden Takten
Wirr die Sinne mit Hämmern Macheten
Spalten zerspellen rasend zertreten
Und verquirlen zu einem verschlackten

Dampfenden Brei voll brodelnder Blasen
Auf der fauchenden Flamme der heißen
Kreisenden explosiven Ekstasen –

Wie in *dem* zu der von allem Kreisen
Leeren Mitte, der, von allen Maßen
Unberührt, unendlich klaren, leisen ...?

Sinn

Light-Show am Rande
Der großen Nacht –
Zuckende Bande
Spektakel macht.

Scheinwerfer schweifen
Hinaus wie Gischt –
Nichts sie dort streifen,
Ihr Schein verlischt.

Lebensfragen

Sind Tage, da des Schlafes Schlaf zu schlafen,
Erlösung scheint: wo fern von all den blinden
Fährten uns nicht mehr Wunsch und Trauer binden,
Die, nie sich stillend, unsern Sinn versklaven.

Sind Nächte, da das Dunkel, fern dem Hafen,
Wo Ruhe winkt, uns überfällt mit Winden
Der Furcht, daß wir im Schlaf entschlafend schwinden
Und nie mehr sehn, was wir am Tag einst trafen.

Sind Stunden, da wie einer Springflut Rauschen
Wir *ihn* im Blut vernehmen. Und wir wissen,
In ihm geht unter einst ein *jede* Stunde.

Und manchmal klingt ein Ton, den wir erlauschen,
Nicht nur im Glück, auch in den Bitternissen:
Er singt die Welt aus niemals stummem Munde.

Tödliches Leben

Media in vita in morte sumus.
Wahrheit unausweichlich. Wo sie trifft,
Scheint ihr Wirken oft ein Bodengift
Für das Lebensland. Und ist doch Humus.

Still, nach einem Tage tatlebendig,
Sinken wir todmüd ins Bett zur Nacht.
Morgens sind wir neu gestärkt, uns macht
Untergang im Schlaf erst tagbeständig.

Augenlicht, das zweifach wir genießen,
Dunkelt Lidschlag immer. Aber wem
Der beseitigt würde, Polyphem
Wär er gerne, dem sie seins zerstießen.

Luft zum Leben, wollten wir sie fassen,
Atemhaltend in uns einverleibt,
Triebe Leben aus uns fort, es bleibt
In uns nur weil sie wir immer lassen.

Und der Strom der Tage auch, wir münden
Immer mehr mit ihm in unsern Tod.
Aber nur auf dieses Seinsgebot
Kann uns täglich neu das Leben gründen.

Alles geht so. Und die Erde wendet
Sich der Sonne ab und zu, es neigt
Atmend auch der Jahrlauf sich und steigt
Immer neu auch auf ... Daß alles endet

Hier nach diesem Gang, soll uns dann gelten?
Atmet Größeres als wir in uns,
Lebensatem tief des Weltengrunds:
Nach der einen – warten andre Welten ...?

Unauflöslich

Nicht ohne, nicht mit –
Oh du, so dunkel wie stumm –
Nicht mit, nicht ohne ...

Reisetraum

Das Bild vor mir der alten Stadt,
Ein Foto, ein Kalenderblatt.
Im Rahmen, hinter Glas, es hängt.
Im Glas mein Spiegelbild sich fängt.

Ich kenn die Stadt, ihr Name spricht
Ein Zauberwort – mein Herz fast bricht:
Erinnerungen einer Fahrt ... –
So ferne meiner Gegenwart.

Ich seh das Bild. Zieht sich ein Sprung
Durchs Glas. Die Fahrt, da war ich jung.
Was nun Papierschmuck an der Wand,
War Wirklichkeit und Wunderland.

Kalenderblatt, unter dem Bild
November steht. So still und mild
Die Stadt, goldbraun im Abendschein,
Als könnt so spät das Jahr nicht sein.

Die Fahrt, voll Frühlicht einst – und ich
Schau im gesprungenen Glas auf mich.
Schau auf die Stadt, liegt nicht gar weit –
Nur, außerhalb der Reise-Zeit ...

Gruß an Bashô

(Neujahr)

Im Graudunst verschwimmt
Die Aussicht – Jahresbeginn ...
Im Wind wehn: Glocken.

Zu »Möllnhausen,
Reisen durch das Felsengebirge ...«

Wo früher die Indianer waren,
Das weitgeheimnisvolle Land ...
Dem Ruf ins Offene verband
Es: andre Welten zu erfahren.

Was ließ sich davon noch bewahren?
Der Lebensraum nun Wand an Wand
Verschachtelt, und belächelt schwand,
Was uns beseelt in Jugendjahren.

Terminfluch, Plan- und Datennetze,
Und nicht voran, trotz all der Hetze,
Wir, an Agenden festgeklebt.

Was hilft ein Buch? Es kann uns wecken
Ein Anderes – und dann entdecken,
Ob dafür Sinn noch in uns lebt ...

Morgenwäsche

I

Schließe die Augen –
Wasser der Brause rauscht als
Sonnwarmer Regen.

II

Ein Bergquell, so frisch,
Der kalte Strahl – o wirklich
Hinaus jetzt, hinauf ...